A ARCA DE NOÉ

LIVROS DE VINICIUS DE MORAES PUBLICADOS PELA COMPANHIA DAS LETRAS

A uma mulher (e-book)
Antologia poética
As coisas do alto
Chorinho para a amiga (e-book)
Forma e exegese & Ariana, a mulher
História natural de Pablo Neruda
Jardim noturno
Jazz & Co.
Livro de letras
Livro de sonetos
Nova antologia poética
Novos poemas e cinco elegias
Novos poemas II
O caminho para a distância
O cinema de meus olhos
O poeta aprendiz
Orfeu da Conceição
Para uma menina com uma flor
Para viver um grande amor
Pela luz dos olhos teus
Poemas esparsos
Poemas, sonetos e baladas & Pátria minha
Pois sou um bom cozinheiro
Querido poeta
Rosa de Hiroshima (e-book)
Roteiro lírico e sentimental da cidade do Rio de Janeiro
Teatro em versos
Todo amor
Uma mulher chamada guitarra
Vinicius menino

LIVROS INFANTIS

A arca de Noé
A casa
O poeta aprendiz

VINICIUS DE MORAES

A ARCA DE NOÉ

Poemas infantis

Ilustrações:
LAURABEATRIZ

2ª edição
33ª reimpressão

"A arca de Noé", "O filho que eu quero ter",
"Menininha", "O girassol",
"O relógio", "A porta", "A casa", "O ar (o vento)",
"Os bichinhos e o homem", "O pinguim", "O leão",
"O pato", "A cachorrinha",
"A galinha-d'angola", "O peru", "O gato",
"As abelhas", "A foca", "A pulga", "A corujinha",
"O pintinho", "O porquinho", "A formiga"
© Tonga Editora Musical Ltda.
(conforme indicado na p. 81)

"Natal", "O elefantinho", "As borboletas", "O marimbondo",
"O mosquito", "O peixe-espada",
"A morte de meu carneirinho", "A morte do pintainho"
© V. M. Cultural

"São Francisco" © Edições Euterpe Ltda.

Grafia atualizada segundo o Acordo Ortográfico da Língua Portuguesa de 1990, que entrou em vigor no Brasil em 2009.

Capa:
Marcelo Serpa

Projeto gráfico:
Hélio de Almeida

Ilustração de capa:
Laurabeatriz

Pesquisa:
José Castello
Beatriz Calderari de Miranda

Revisão:
Isabel Santana
Maria Eugênia Régis

Dados Internacionais de Catalogação na Publicação (CIP)
(Câmara Brasileira do Livro, SP, Brasil)

Moraes, Vinicius de, 1913-1980.
    A arca de Noé : Poemas infantis / Vinicius de Moraes; ilustrações Laurabeatriz — 2ª ed. — São Paulo : Companhia das Letrinhas, 1991.

ISBN 978-85-7164-179-2

1. Literatura infantojuvenil 2. Poesias infantis brasileiras I. Laurabeatriz II. Título.

91-1580   CDD-028.5-869.91

Índices para catálogo sistemático:
1. Literatura infantojuvenil 028.5
2. Poesia para crianças : Literatura brasileira 869.91

2022

Todos os direitos desta edição reservados à
EDITORA SCHWARCZ S.A.
Rua Bandeira Paulista, 702, cj. 32
04532-002 — São Paulo — SP
☎ (11) 3707-3500
🔗 www.companhiadasletrinhas.com.br
🔗 www.blogdaletrinhas.com.br
📘 /companhiadasletrinhas
📷 @companhiadasletrinhas
▶ /CanalLetrinhaZ

ÍNDICE

A arca de Noé 8
São Francisco 14
Natal 16
O filho que eu quero ter 18
Menininha 20
O girassol 22
O relógio 24
A porta 26
A casa 28
O ar (o vento) 30
Os bichinhos e o homem) 32
O pinguim 34
O elefantinho 36
O leão 38
O pato 40
A cachorrinha 42
A galinha-d'angola 44
O peru 46
O gato 48
As borboletas 50
O marimbondo 52
As abelhas 54
A foca 56
O mosquito 58
A pulga 60
A corujinha 62
O pintinho 64
O porquinho 68
A formiga 70

INÉDITOS

O peixe-espada 72
A morte de meu carneirinho 74
A morte do pintainho 76

A ARCA DE NOÉ

Sete em cores, de repente
O arco-íris se desata
Na água límpida e contente
Do ribeirinho da mata.

O sol, ao véu transparente
Da chuva de ouro e de prata
Resplandece resplendente
No céu, no chão, na cascata.

E abre-se a porta da arca
De par em par: surgem francas
A alegria e as barbas brancas
Do prudente patriarca.

Noé, o inventor da uva
E que, por justo e temente
Jeová, clementemente
Salvou da praga da chuva.

Tão verde se alteia a serra
Pelas planuras vizinhas
Que diz Noé: "Boa terra
Para plantar minhas vinhas!"

E sai levando a família
A ver; enquanto, em bonança
Colorida maravilha
Brilha o arco da aliança.

Ora vai, na porta aberta
De repente, vacilante
Surge lenta, longa e incerta
Uma tromba de elefante.

E logo após, no buraco
De uma janela, aparece
Uma cara de macaco
Que espia e desaparece.

Enquanto, entre as altas vigas
Das janelinhas do sótão
Duas girafas amigas
De fora as cabeças botam.

Grita uma arara, e se escuta
De dentro um miado e um zurro
Late um cachorro em disputa
Com um gato, escouceia um burro.

A arca desconjuntada
Parece que vai ruir
Aos pulos da bicharada
Toda querendo sair.

Vai! Não vai! Quem vai primeiro?
As aves, por mais espertas
Saem voando ligeiro
Pelas janelas abertas.

Enquanto, em grande atropelo
Junto à porta de saída
Lutam os bichos de pelo
Pela terra prometida.

"Os bosques são todos meus!"
Ruge soberbo o leão
"Também sou filho de Deus!"
Um protesta; e o tigre — "Não!"

Afinal, e não sem custo
Em longa fila, aos casais
Uns com raiva, outros com susto
Vão saindo os animais.

Os maiores vêm à frente
Trazendo a cabeça erguida
E os fracos, humildemente
Vêm atrás, como na vida.

Conduzidos por Noé
Ei-los em terra benquista
Que passam, passam até
Onde a vista não avista...

Na serra o arco-íris se esvai...
E... desde que houve essa história
Quando o véu da noite cai
Na terra e os astros em glória

Enchem o céu de seus caprichos
É doce ouvir na calada
A fala mansa dos bichos
Na terra repovoada.

SÃO FRANCISCO

Lá vai São Francisco
Pelo caminho
De pé descalço
Tão pobrezinho
Dormindo à noite
Junto ao moinho
Bebendo a água
Do ribeirinho.

Lá vai São Francisco
De pé no chão
Levando nada
No seu surrão
Dizendo ao vento
Bom dia, amigo
Dizendo ao fogo
Saúde, irmão.

Lá vai São Francisco
Pelo caminho
Levando ao colo
Jesuscristinho
Fazendo festa
No menininho
Contando histórias
Pros passarinhos.

NATAL

De repente o sol raiou
E o galo cocoricou:

— Cristo nasceu!

O boi, no campo perdido
Soltou um longo mugido:

— Aonde? Aonde?

Com seu balido tremido
Ligeiro diz o cordeiro:

— Em Belém! Em Belém!

Eis senão quando, num zurro
Se ouve a risada do burro:

— Foi sim que eu estava lá!

E o papagaio que é gira
Pôs-se a falar: — É mentira!

Os bichos de pena, em bando
Reclamaram protestando.

O pombal todo arrulhava:
— Cruz credo! Cruz credo!

Brava
A arara a gritar começa:

— Mentira? Arara. Ora essa!

— Cristo nasceu! — canta o galo.
— Aonde? — pergunta o boi.
— Num estábulo! — o cavalo
Contente rincha onde foi.

Bale o cordeiro também:

— Em Belém! Mé! Em Belém!

E os bichos todos pegaram
O papagaio caturra
E de raiva lhe aplicaram
Uma grandíssima surra.

O FILHO QUE EU QUERO TER

É comum a gente sonhar, eu sei
Quando vem o entardecer
Pois eu também dei de sonhar
Um sonho lindo de morrer
Vejo um berço e nele eu me debruçar
Com o pranto a me correr
E assim chorando acalentar
O filho que eu quero ter.

Dorme, meu pequenininho
Dorme, que a noite já vem
Teu pai está muito sozinho
De tanto amor que ele tem.

De repente o vejo se transformar
Num menino igual a mim
Que vem correndo me beijar
Quando eu chegar lá de onde eu vim
Um menino sempre a me perguntar
Um porquê que não tem fim
Um filho a quem só queira bem
E a quem só diga que sim.

Dorme, menino levado
Dorme, que a vida já vem
Teu pai está muito cansado
De tanta dor que ele tem.

Quando a vida enfim me quiser levar
Pelo tanto que me deu
Sentir-lhe a barba me roçar
No derradeiro beijo seu
E ao sentir também sua mão vedar
Meu olhar dos olhos seus
Ouvir-lhe a voz a me embalar
Num acalanto de adeus
Dorme, meu pai sem cuidado
Dorme, que ao entardecer
Teu filho sonha acordado
Com o filho que ele quer ter.

MENININHA

Menininha do meu coração
Eu só quero você
A três palmos do chão
Menininha não cresça mais não
Fique pequenininha na minha canção
Senhorinha levada
Batendo palminha
Fingindo assustada
Do bicho-papão.

Menininha, que graça é você
Uma coisinha assim
Começando a viver
Fique assim, meu amor
Sem crescer
Porque o mundo é ruim, é ruim e você
Vai sofrer de repente
Uma desilusão
Porque a vida é somente
Teu bicho-papão.

Fique assim, fique assim
Sempre assim
E se lembre de mim
Pelas coisas que eu dei
Também não se esqueça de mim
Quando você souber enfim
De tudo o que eu amei.

O GIRASSOL

Sempre que o sol
Pinta de anil
Todo o céu
O girassol
Fica um gentil
Carrossel.

O girassol é o carrossel das abelhas.

Pretas e vermelhas
Ali ficam elas
Brincando, fedelhas
Nas pétalas amarelas.

— Vamos brincar de carrossel, pessoal?

— "Roda, roda, carrossel
Roda, roda, rodador
Vai rodando, dando mel
Vai rodando, dando flor."

— Marimbondo não pode ir que é bicho mau!
— Besouro é muito pesado!
— Borboleta tem que fingir de borboleta na entrada!
— Dona Cigarra fica tocando seu realejo!

— "Roda, roda, carrossel
Gira, gira, girassol
Redondinho como o céu
Marelinho como o sol."

E o girassol vai girando dia afora...

O girassol é o carrossel das abelhas.

O RELÓGIO

Passa, tempo, tic-tac
Tic-tac, passa, hora
Chega logo, tic-tac
Tic-tac, e vai-te embora
Passa, tempo
Bem depressa
Não atrasa
Não demora
Que já estou
Muito cansado
Já perdi
Toda a alegria
De fazer
Meu tic-tac
Dia e noite
Noite e dia
Tic-tac
Tic-tac
Tic-tac...

A PORTA

Eu sou feita de madeira
Madeira, matéria morta
Mas não há coisa no mundo
Mais viva do que uma porta.

Eu abro devagarinho
Pra passar o menininho
Eu abro bem com cuidado
Pra passar o namorado
Eu abro bem prazenteira
Pra passar a cozinheira
Eu abro de supetão
Pra passar o capitão.

Só não abro pra essa gente
Que diz (a mim bem me importa...)
Que se uma pessoa é burra
É burra como uma porta.

Eu sou muito inteligente!

Eu fecho a frente da casa
Fecho a frente do quartel
Fecho tudo nesse mundo
Só vivo aberta no céu!

A CASA

Era uma casa
Muito engraçada
Não tinha teto
Não tinha nada
Ninguém podia
Entrar nela não
Porque na casa
Não tinha chão
Ninguém podia
Dormir na rede
Porque na casa
Não tinha parede
Ninguém podia
Fazer pipi
Porque penico
Não tinha ali
Mas era feita
Com muito esmero
Na rua dos Bobos
Número zero.

O AR (O VENTO)

Estou vivo mas não tenho corpo
Por isso é que eu não tenho forma
Peso eu também não tenho
Não tenho cor.

Quando sou fraco
Me chamo brisa
E se assobio
Isso é comum
Quando sou forte
Me chamo vento
Quando sou cheiro
Me chamo pum!

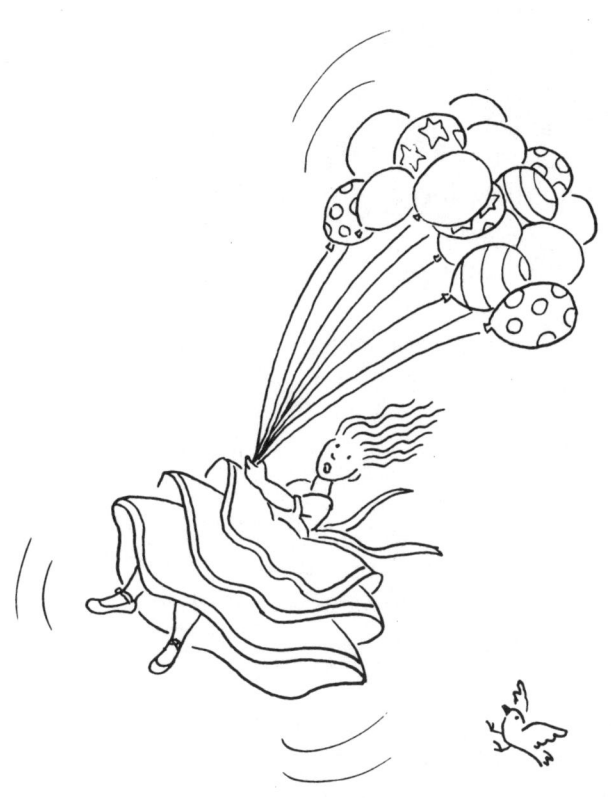

OS BICHINHOS
E O HOMEM

Nossa irmã, a mosca
É feia e tosca
Enquanto que o mosquito
É mais bonito
É mais bonito.

Nosso irmão, besouro
Que é feito de couro
Mal sabe voar
Mal sabe voar.

Nossa irmã, a barata
Bichinha mais chata
É prima da borboleta
Que é uma careta
Que é uma careta.

Nosso irmão, o grilo
Que vive dando estrilo
Só pra chatear
Só pra chatear.

E o bicho-do-pé
Que gostoso que ele é
Quando dá coceira
Coça que não é brincadeira.

E o nosso irmão carrapato
Que é um outro bicho chato
É primo-irmão do bacilo
Que é irmão tranquilo
Que é irmão tranquilo.

E o homem que pensa tudo saber
Não sabe o jantar que os bichinhos vão ter
Quando o seu dia chegar
Quando o seu dia chegar.

O PINGUIM

Bom dia, pinguim
Onde vai assim
Com ar apressado?
Eu não sou malvado
Não fique assustado
Com medo de mim.
Eu só gostaria
De dar um tapinha
No seu chapéu-jaca
Ou bem de levinho
Puxar o rabinho
Da sua casaca.

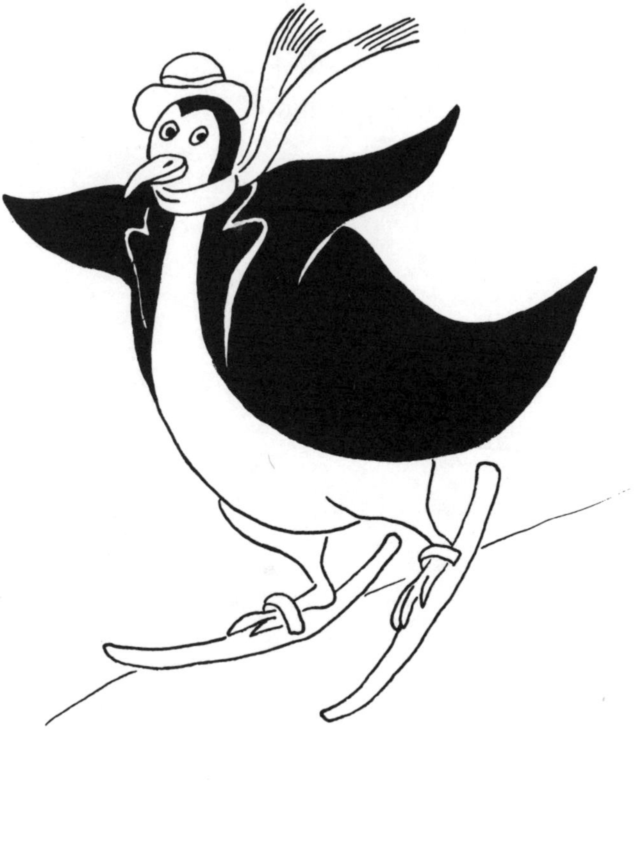

O ELEFANTINHO

Onde vais, elefantinho
Correndo pelo caminho
Assim tão desconsolado?
Andas perdido, bichinho
Espetaste o pé no espinho
Que sentes, pobre coitado?

— Estou com um medo danado
Encontrei um passarinho!

O LEÃO

(Inspirado em William Blake)

Leão! Leão! Leão!
Rugindo como o trovão
Deu um pulo, e era uma vez
Um cabritinho montês.

Leão! Leão! Leão!
És o rei da criação!

Tua goela é uma fornalha
Teu salto, uma labareda
Tua garra, uma navalha
Cortando a presa na queda.

Leão longe, leão perto
Nas areias do deserto.
Leão alto, sobranceiro
Junto do despenhadeiro.
Leão na caça diurna
Saindo a correr da furna.
Leão! Leão! Leão!
Foi Deus que te fez ou não?

O salto do tigre é rápido
Como o raio; mas não há
Tigre no mundo que escape
Do salto que o leão dá.
Não conheço quem defronte
O feroz rinoceronte.
Pois bem, se ele vê o leão
Foge como um furacão.

Leão se esgueirando, à espera
Da passagem de outra fera ...
Vem o tigre; como um dardo
Cai-lhe em cima o leopardo
E enquanto brigam, tranquilo
O leão fica olhando aquilo.
Quando se cansam, o leão
Mata um com cada mão.

Leão! Leão! Leão!
És o rei da criação!

O PATO

Lá vem o pato
Pata aqui, pata acolá
Lá vem o pato
Para ver o que é que há.

O pato pateta
Pintou o caneco
Surrou a galinha
Bateu no marreco
Pulou do poleiro
No pé do cavalo
Levou um coice
Criou um galo
Comeu um pedaço
De jenipapo
Ficou engasgado
Com dor no papo
Caiu no poço
Quebrou a tigela
Tantas fez o moço
Que foi pra panela.

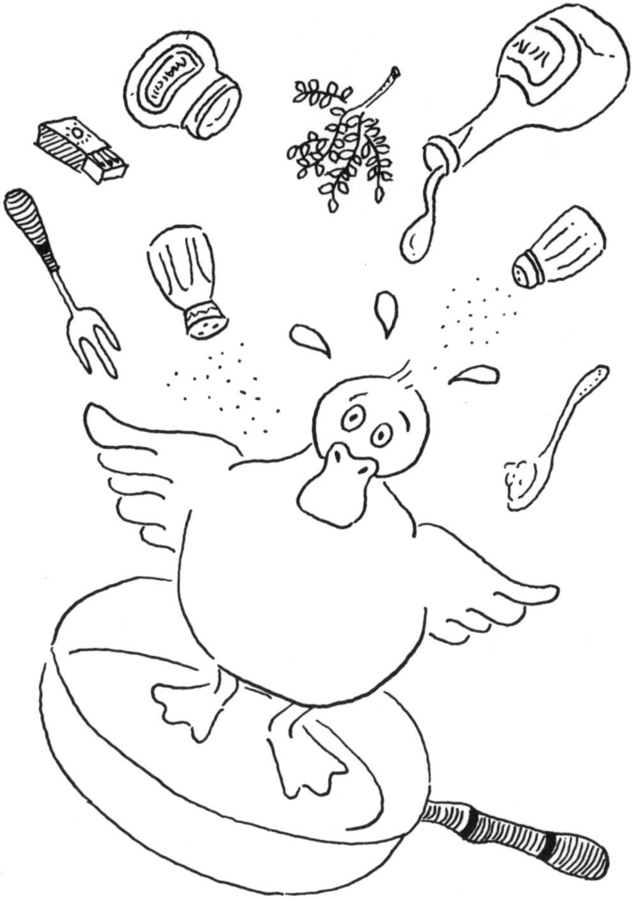

A CACHORRINHA

Mas que amor de cachorrinha!
Mas que amor de cachorrinha!

Pode haver coisa no mundo
Mais branca, mais bonitinha
Do que a tua barriguinha
Crivada de mamiquinha?
Pode haver coisa no mundo
Mais travessa, mais tontinha
Que esse amor de cachorrinha
Quando vem fazer festinha
Remexendo a traseirinha?

A GALINHA-D'ANGOLA

Coitada
Da galinha-
-D'angola
Não anda
Regulando
Da bola
Não para
De comer
A matraca
E vive
A reclamar
Que está fraca:

— "Tou fraca! Tou fraca!"

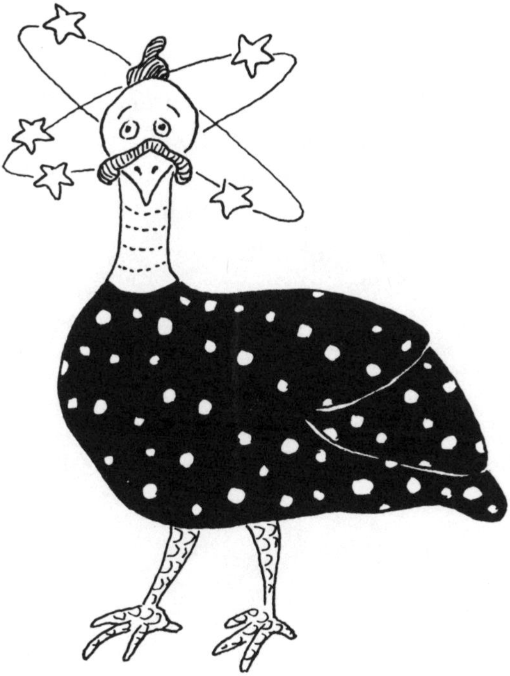

O PERU

Glu! Glu! Glu!
Abram alas pro Peru,

O peru foi a passeio
Pensando que era pavão
Tico-tico riu-se tanto
Que morreu de congestão.

O peru dança de roda
Numa roda de carvão
Quando acaba fica tonto
De quase cair no chão.

O peru se viu um dia
Nas águas do ribeirão
Foi-se olhando foi dizendo
Que beleza de pavão!

Glu! Glu! Glu!
Abram alas pro peru!

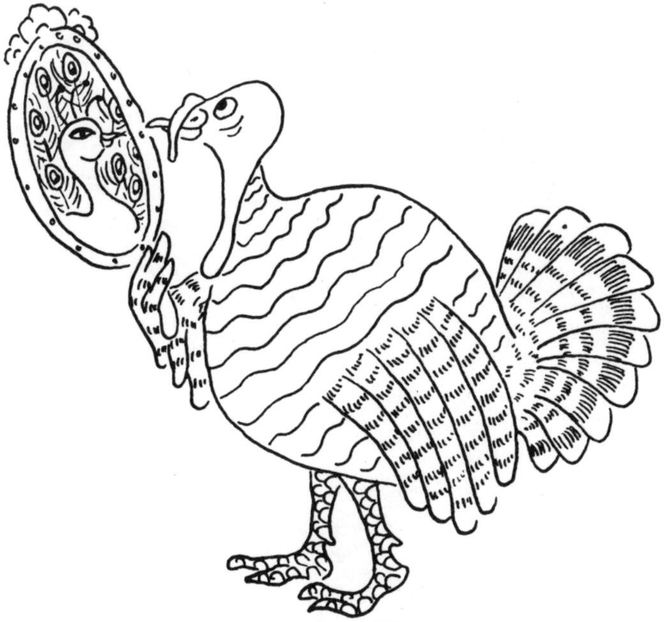

O GATO

Com um lindo salto
Lesto e seguro
O gato passa
Do chão ao muro
Logo mudando
De opinião
Passa de novo
Do muro ao chão
E pega corre
Bem de mansinho
Atrás de um pobre
De um passarinho
Súbito, para
Como assombrado
Depois dispara
Pula de lado
E quando tudo
Se lhe fatiga
Toma o seu banho
Passando a língua
Pela barriga.

AS BORBOLETAS

Brancas
Azuis
Amarelas
E pretas
Brincam
Na luz
As belas
Borboletas.

Borboletas brancas
São alegres e francas.

Borboletas azuis
Gostam muito de luz.

As amarelinhas
São tão bonitinhas!

E as pretas, então...
Oh, que escuridão!

O MARIMBONDO

Marimbondo furibundo
Vai mordendo meio mundo
Cuidado com o marimbondo
Que esse bicho morde fundo!

— Eta bicho danado!

Marimbondô
De chocolat
Saia daqui
Sem me morder
Senão eu dou
Uma paulada
Bem na cabeça
De você.

— Eta bicho danado!

Marimbondo... nem te ligo!
Voou e veio me espiar bem na minha cara...

— Eta bicho danado!

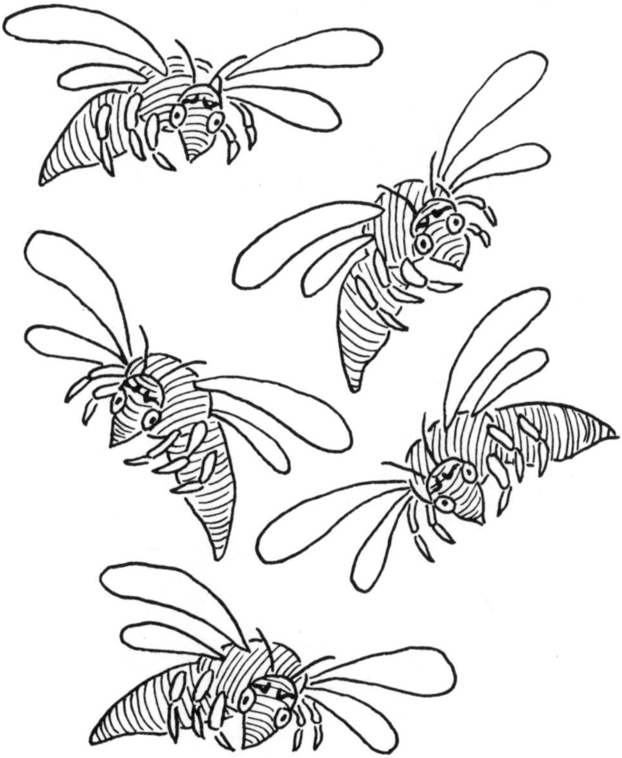

AS ABELHAS

A aaaaaaabelha-mestra
E aaaaaaas abelhinhas
Estão toooooodas prontinhas
Pra iiiiiiir para a festa.

Num zune que zune
Lá vão pro jardim
Brincar com a cravina
Valsar com o jasmim.

Da rosa pro cravo
Do cravo pra rosa
Da rosa pro favo
Volta pro cravo.

Venham ver como dão mel
As abelhinhas do céu!

A FOCA

Quer ver a foca
Ficar feliz?
É pôr uma bola
No seu nariz.

Quer ver a foca
Bater palminha?
É dar a ela
Uma sardinha.

Quer ver a foca
Fazer uma briga?
É espetar ela
Bem na barriga.

O MOSQUITO

O mundo é tão esquisito:
Tem mosquito.

Por que, mosquito, por que
Eu... e você?

Você é o inseto
Mais indiscreto
Da Criação
Tocando fino
Seu violino
Na escuridão.

Tudo de mau
Você reúne
Mosquito pau
Que morde e zune.

Você gostaria
De passar o dia
Numa serraria —
Gostaria?

Pois você parece uma serraria!

A PULGA

Um, dois, três
Quatro, cinco, seis
Com mais um pulinho
Estou na perna do freguês.

Um, dois, três
Quatro, cinco, seis
Com mais uma mordidinha
Coitadinho do freguês.

Um, dois, três
Quatro, cinco, seis
Tô de barriguinha cheia

Tchau
Good bye
Auf Wiedersehen.

A CORUJINHA

Corujinha, corujinha
Que peninha de você
Fica toda encolhidinha
Sempre olhando, não sei quê.

O seu canto de repente
Faz a gente estremecer
Corujinha, pobrezinha
Todo mundo que te vê
Diz assim, ah! coitadinha
Que feinha que é você.

Quando a noite vem chegando
Chega o teu amanhecer
E se o sol vem despontando
Vais voando te esconder.

Hoje em dia andas vaidosa
Orgulhosa como quê
Toda noite tua carinha
Aparece na TV.

Corujinha, coitadinha
Que feinha que é você!

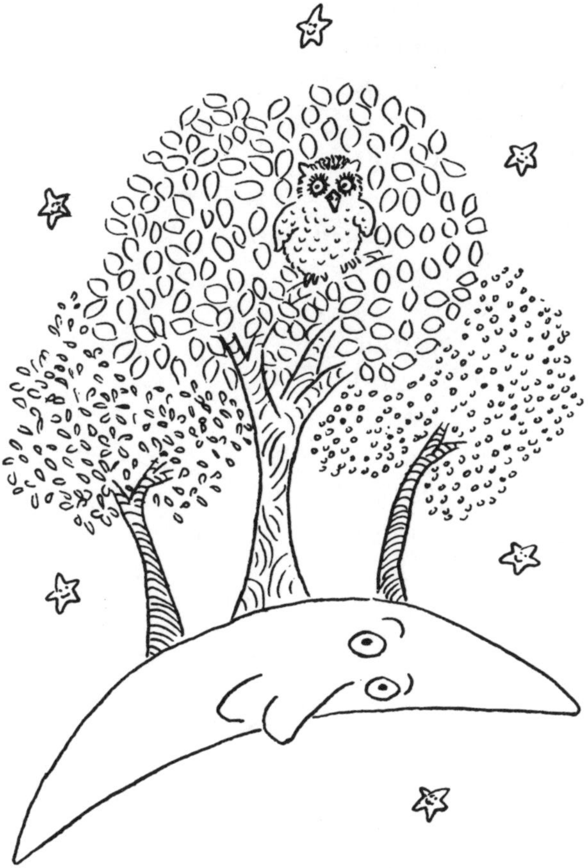

O PINTINHO

Pintinho novo
Pintinho tonto
Não estás no ponto
Volta pro ovo
Eu não me calo
Falo de novo
Não banque o galo
Volta pro ovo
A tia raposa
Não marca touca
Tá só te olhando
Com água na boca
E se ligeiro você escapar
Tem um granjeiro
Que vai te adotar.

O meu ovo tá estreitinho
Já me sinto um galetinho
Já posso sair sozinho
Eu já sou dono de mim
Vou ciscar pela cidade
Grão-de-bico em quantidade
Muito milho e liberdade
Por fim.

Pintinho raro
Pintinho novo
Tá tudo caro
Volta pro ovo
E o tempo inteiro
Terás pintinho
Um cozinheiro
No teu caminho
Por isso eu digo
E falo de novo
Pintinho amigo
Então volta pro ovo
Se de repente você escapar
Num forno quente você vai parar.

Gosto muito dessa vida
Ensopada ou cozida
Até assada é divertida
Com salada e aipim
Tudo lindo, a vida é bela
Mesmo sendo à cabidela
Pois será numa panela
Meu fim.

Por isso eu digo
E falo de novo
Pintinho amigo
Então volta pro ovo
E se ligeiro
Você escapar
Tem um granjeiro que vai te adotar.

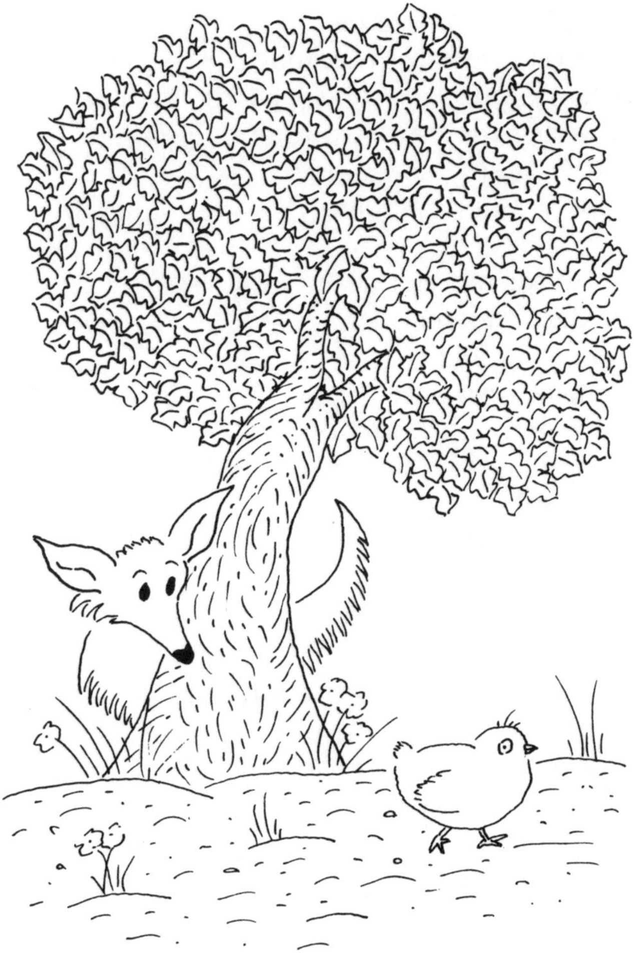

O PORQUINHO

Muito prazer, sou o porquinho
E te alimento também
Meu couro bem tostadinho
Quem é que não sabe o sabor que tem
Se você cresce um pouquinho
O mérito, eu sei,
Cabe a mim também.

Se quiser me chame
Te darei salame
E a mortadela
Branca, rosa e bela
Num pãozinho quente
Continuando o assunto
Te darei presunto
E na feijoada
Mesmo requentada
Agrado a toda gente.

Sendo um porquinho informado
O meu destino bem sei
Depois de estar bem tostado
Fritinho ou assado
Eu partirei
Com a tia vaca do lado
Vestido de anjinho
Pro céu voarei.

Do rabo ao focinho
Sou todo toicinho
Bota malagueta
Em minha costeleta
Numa gordurinha
Que coisa maluca
Minha pururuca
É uma beleza
Minha calabresa
No azeite fritinha.

A FORMIGA

As coisas devem ser bem grandes
Pra formiga pequenina
A rosa, um lindo palácio
E o espinho, uma espada fina.

A gota d'água, um manso lago
O pingo de chuva, um mar
Onde um pauzinho boiando
É navio a navegar.

O bico de pão, o Corcovado
O grilo, um rinoceronte
Uns grãos de sal derramados,
Ovelhinhas pelo monte.

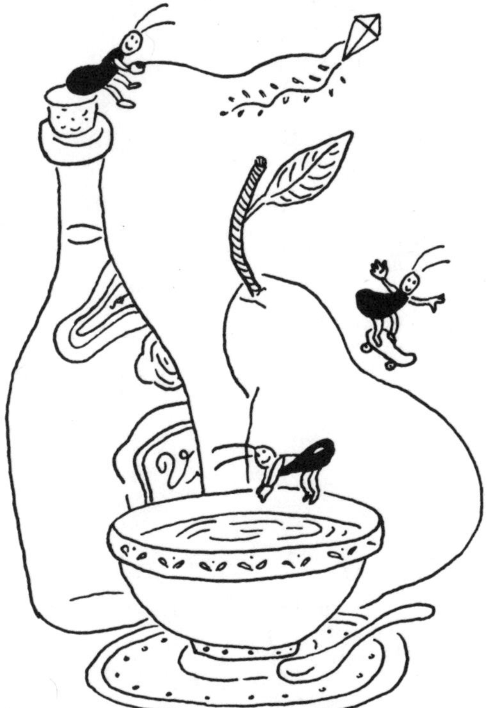

O PEIXE-ESPADA

Quando um peixe-espada
Vê outro peixe-espada
Pensam que eles brigam?
Qual brigam qual nada!

Poderão no máximo
Brincar de duelo
Mas brigar só brigam
Com o peixe-martelo.

Ou com o tubarão.

A MORTE DE MEU CARNEIRINHO

Não teve flores
Não teve velas
Não teve missa
Caixão também...
Foi enterrado
Junto à maré
Por operários
Mesmos do trem...

A flor de orvalho
Pendeu da nuvem
E pelo chão
Despetalou...
O céu ergueu
A hóstia do sol
E o mar em ondas
Se ajoelhou...

Cortejo lindo
Maior não houve
Do que o da morte
Desse amiguinho:
Iam vestidas
Com a lã das nuvens
Todas as almas
Dos carneirinhos!

Os gaturamos
Trinaram hinos
No altar esplêndido
Da madrugada;
E o vento brando
Desfeito em rimas
Foi badalando
Pelas estradas!

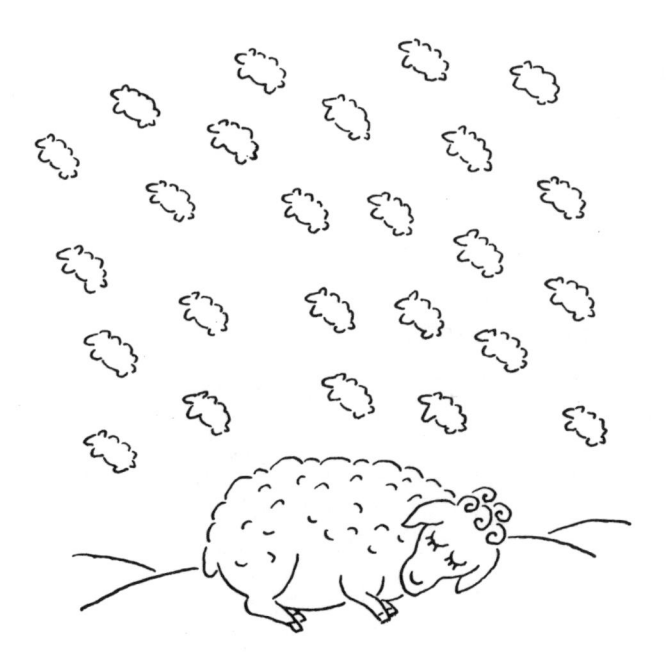

A MORTE DO PINTAINHO

(Adaptação de "Cock Robin")

Quem matou o pintainho?
Eu, disse o pato
Com meu pé chato
Eu matei o pintainho.

Quem viu ele morto?
Eu, disse o mocho
Com meu olho torto
Eu vi ele morto.

Quem chupou seu sangue?
Eu, disse o morcego
Que não sou cego
Eu chupei seu sangue.

Quem lhe deu mortalha?
Eu, disse a aranha
Com teia e artimanha
Eu lhe dei mortalha.

Quem vai ser o padre?
Eu, o louva-a-deus
Em nome de Deus
Eu serei o padre.

Quem será o sacrista?
Eu, disse o frango
Com a minha crista
Eu serei o sacrista.

Quem leva o caixão?
Eu, disse o gavião
Sei bem por que não
Eu levo o caixão.

Quem será o coveiro?
Eu, a toupeira
Eu que sou coveira
Eu serei o coveiro.

Quem fará o túmulo?
Eu, o joão-de-barro
Pois que tenho barro
Eu farei o túmulo.

Quem leva a vela?
Eu, o vaga-lume
Eu acendo o lume
E eu levo a vela.

Quem vai cantar?
Eu, o pardal
La-la-ri-la-ra
Eu sei cantar.

Quem leva as coroas?
Eu, disse o cisne
Já que não dou rima
Eu levo as coroas.

Quem toca o sino?
Disse o suíno:
Eu mais o boi
Nós tocamos o sino.

Quem vai na frente?
Eu, o periquito
Porque sou bonito
Eu vou na frente.

Todo o pássaro do ar
Foi chorar lá no seu ninho
Ao ouvir tocar o sino
Pelo pobre pintainho.

As seguintes canções dos discos *A arca de Noé 1* e *2*, incluídas nesta edição, foram feitas por Vinicius em parceria com:

O filho que eu quero ter	Toquinho © 1974 by Tonga Editora Musical Ltda.
Menininha	Toquinho © 1980 by Tonga Editora Musical Ltda.
O ar (o vento)	Bacalov/Toquinho © 1981 by Tonga Editora Musical Ltda.
Os bichinhos e o homem	Toquinho @ 1981 by Tonga Editora Musical Ltda.
A pulga	Toquinho © 1977 by Tonga Editora Musical Ltda.
A corujinha	Toquinho © 1975 by Tonga Editora Musical Ltda.
O pintinho	Pipi Caruso/Sérgio Bardotti/Gilda Mattoso © 1981 by Tonga Editora Musical Ltda.
O porquinho	Toquinho © 1981 by Tonga Editora Musical Ltda.
A formiga	Paulo Soledade © 1981 by Tonga Editora Musical Ltda. 50% referente à parte de Vinicius de Moraes

Os seguintes poemas do livro *A arca de Noé* foram musicados por:

A arca de Noé	Toquinho © 1977 by Tonga Editora Musical Ltda.
São Francisco	Paulo Soledade © 1954 by Edições Enterpe Ltda.
O girassol	Toquinho © 1981 by Tonga Editora Musical Ltda.

O relógio	Paulo Soledade © 1977 by Tonga Editora Musical Ltda. 50% referente à parte de Vinicius de Moraes
A porta	Toquinho © 1980 by Tonga Editora Musical Ltda.
A casa	Vinicius de Moraes © 1974 by Tonga Editora Musical Ltda.
O pinguim	Paulo Soledade © 1977 by Tonga Editora Musical Ltda. 50% referente à parte de Vinicius de Moraes
O leão	Fagner © 1981 by Tonga Editora Musical Ltda. 50% referente à parte de Vinicius de Moraes
O pato	Paulo Soledade/Toquinho © 1977 by Tonga Editora Musical Ltda. 66,6% referente à parte de Toquinho e Vinicius de Moraes
A cachorrinha	Tom Jobim © 1981 by Tonga Editora Musical Ltda. 50%, referente à parte de Vinicius de Moraes.
A galinha-d'angola	Toquinho © 1981 by Tonga Editora Musical Ltda.
O peru	Paulo Soledade/Toquinho © 1981 by Tonga Editora Musical Ltda. 66,6% referente à parte de Vinicius de Moraes e Toquinho
O gato	Bacalov/Toquinho © 1977 by Tonga Editora Musical Ltda.
As abelhas	Bacalov © 1977 by Tonga Editora Musical Ltda.
A foca	Toquinho © 1977 by Tonga Editora Musical Ltda.

Agradecemos à Tonga Editora Musical Ltda., à V. M. Produções, Publicidade e Participações Ltda., às Edições Euterpe Ltda. e a Lygia de Moraes, que tornaram possível esta edição.

Esta edição teve como base aquela publicada pela Editora Record. Foram aqui acrescentadas as letras das canções dos discos *A arca de Noé 1* e *2* (excluindo "A aula de piano") que não constavam daquela edição. Os três últimos poemas são inéditos.

1ª EDIÇÃO [1991] 25 reimpressões
2ª EDIÇÃO [2003] 33 reimpressões

ESTA OBRA FOI COMPOSTA PELO 2 ESTÚDIO GRÁFICO
EM GARAMOND LIGHT E IMPRESSA PELA GRÁFICA PAYM
EM OFSETE SOBRE PAPEL PÓLEN BOLD DA SUZANO S.A.
PARA A EDITORA SCHWARCZ EM ABRIL DE 2022

A marca FSC® é a garantia de que a madeira utilizada na fabricação do papel deste livro provém de florestas que foram gerenciadas de maneira ambientalmente correta, socialmente justa e economicamente viável, além de outras fontes de origem controlada.